Pappmaché

Pappmaché

Unipart-Verlag · Stuttgart

VORWORT

Viele von Ihnen haben sicherlich als Kind mit Pappmaché gebastelt und sind mit dem Material bereits vertraut. Auch Erwachsenen bietet es zahlreiche Möglichkeiten: Egal, ob Sie in der Familie praktische Dinge oder originelle Geschenke selbst herstellen wollen oder ob Sie nach künstlerischen Ausdrucksformen suchen – Pappmaché ist ein ideales Material. Es zeichnet sich durch eine große Wandelbarkeit aus, und es kann mit beinahe jedem anderen Material zusammen verarbeitet werden.

Für die Arbeit mit Pappmaché gibt es weder orthodoxe Vorschriften oder genaue Mengenangaben noch starre Regeln im Hinblick auf Zeit oder Technik. Darin liegt ein weiterer Reiz: Material und Methoden kann man sich wirklich zu eigen machen. Die Angaben zu den verschiedenen in diesem Buch abgebildeten Techniken sind das Ergebnis von Erfahrungen. Dennoch können Sie immer wieder experimentieren und dabei herausfinden, daß die Mengenangaben veränderlich sind.

Die einzelnen Objekte erscheinen bisweilen sehr unterschiedlich in Bemalung und Stil – dadurch erhalten Sie viele Anregungen, und zwar sowohl in technischer als auch in dekorativer Hinsicht. Schon die Auswahl der Objekte zeigt, daß es sich bei der Arbeit mit Pappmaché nicht um eine Bastelmethode ausschließlich für Kinder handelt. Denn aus diesem Material kann man die vielfältigsten Dinge herstellen, von Geschirrgegenständen bis zu Möbeln, von Bilderrahmen bis zu Lampen und natürlich auch Masken, Puppen, Kasper- und Handpuppen, Marionetten usw.

Pappmaché ist nicht nur „etwas für Kinder", aber es ist selbstverständlich auch für Kinder! Die verwendeten Materialien sind leicht erhältlich und verursachen zudem nur geringe Kosten. Außerdem kann man überall damit arbeiten und benötigt keine speziellen Werkzeuge. Es gibt jedoch mehrere Methoden: Von der Arbeit mit Papierbrei als formbarer Masse bis hin zur Kaschiertechnik mit einem Karton als Formkern. Mit der notwendigen Lust am Experimentieren kann man mit den verschiedenen Techniken phantastische Objekte herstellen,

wobei man die Methoden selbst weiterentwickelt und der Kreativität keinerlei Grenzen gesetzt sind.
Sowohl in der Mode als auch auf dem Gebiet der Innenarchitektur gibt es in neuerer Zeit Tendenzen, die afrikanische, asiatische oder auch lateinamerikanische Volkskunst nachzuempfinden. Pappmaché mit seiner ein wenig robusten und dabei gleichmäßigen Struktur ist überaus geeignet, diese Stilarten nachzubilden.
Auch was Einrichtungsgegenstände betrifft, hat das inzwischen verbreitete Umweltbewußtsein ein neues Interesse für Papier, Karton und alle wiederverwertbaren Materialien mit sich gebracht. Im Gegensatz zur scheinbaren Zerbrechlichkeit des Materials, sind Möbel und Gegenstände aus Pappmaché überaus haltbar, da die Verbindung von Papier und Leim in ihrer Belastbarkeit der von Holz nahekommt.
Im ersten Teil dieses Buches stellen wir Ihnen die Materialien vor, die zur Herstellung des Pappmachés und zu seiner Bemalung und Dekoration verwendet werden. Dann folgen die Kapitel, die nach Arbeitstechniken und Dekorationsmethoden unterteilt sind. In jedem davon sind die Arbeitsgänge zur Herstellung der einzelnen Gegenstände schrittweise dargestellt und beschrieben. Sie finden weitere Objekte, die nach demselben System hergestellt wurden und als kreativer Anreiz für diese Bearbeitungsweise dienen können.
Die hier vorgestellte Art der Pappmaché-Kunst ist sehr einfach und leicht realisierbar, und gewöhnlich kann man sich, ausgehend von dieser Basis, weitere Techniken in beinahe spielerischer Weise aneignen. Durch die Schritt-für-Schritt-Anleitungen können auch Anfänger die vorgestellten Objekte leicht nacharbeiten.

MARIARITA MACCHIAVELLI

Die Geschichte

Die Ursprünge der Pappmaché-Technik liegen sehr weit zurück. Bereits kurz nach der Erfindung des Papiers kommt sie in China auf, etwa um das Jahr 100 unserer Zeitrechnung. Die Methoden zur Papierherstellung waren langwierig, was dazu führte, daß man sogleich nach einem Weg suchte, das mühsam gewonnene Papier nach einer ersten Verwendung wiederzuverwerten. Auf diese Weise erfand man das Pappmaché. Archäologische Ausgrabungen in China förderten Kriegshelme aus lackiertem Pappmaché zutage. Im 8. Jahrhundert gelangte das Geheimnis der Herstellung durch chi-

nesische Kriegsgefangene nach Persien und somit in den Mittleren und Nahen Osten und bald bis nach Marokko.
Ende des 10. Jahrhunderts war Papier in Spanien, Frankreich und Italien an die Stelle von Papyrus getreten.
Man verwendete Lumpen, altes Garn, Baumrinde und andere Abfallmaterialien für die Herstellung. Die Prozedur war schwierig und zeitraubend. Zu einer Zeit, in der nichts weggeworfen wurde, verwendete man verschiedenste Materialien bei der Papierbearbeitung.
Nach Italien wurde die Pappmaché-Technik von venezianischen Kaufleuten eingeführt, die mit dem Orient Handel trieben und Teller, Spiegel, Spielzeug und andere kleine Gegenstände aus Pappmaché importierten. In Frankreich und England erkannte man schließlich in der zweiten Hälfte des 17. Jahrhunderts die Möglichkeiten dieses Materials, als aus dem Orient immer mehr solcher Produkte in diese Länder gelangten. Anfänglich ahmte man nur kleine Gegenstände nach, die man auch mit den typischen chinesischen Lackmalereien verzierte. Ab dem Ende des 18. Jahrhunderts begann man jedoch, Pappmaché auch zur Herstellung von Möbeln und architektonischen Elementen einzusetzen, wodurch in der Folge eine blühende Industrie entstand.
Man ahmte Stuck und Simse nach. Es entstanden zahlreiche Betriebe, die sich auf die Herstellung von Konsolen, Dekorationselementen für Decken und Spiegelrahmen spezialisierten.
Die große Zeit des Pappmachés kam jedoch in England in der zweiten Hälfte des 19. Jahrhunderts. Möbel aus Pappmaché verbreiteten sich schnell und fanden eine breite Käuferschicht. Denn nun konnten Möbel und Kleingegenstände hergestellt werden, die leicht, aber dennoch stabil waren.
Zu Beginn des 20. Jahrhunderts verschwanden Gegenstände aus Pappmaché fast völlig vom Markt. Die aufkommende Technik des Galvanisierens ermöglichte die Herstellung von Tabletts und Kleinmöbeln in wesentlich kürzerer Zeit mit ebenso schönen Lackdekorationen zu erheblich geringeren Kosten.
Pappmaché wurde jedoch in der Volkskunst für die Herstellung von aufwendigen Puppenköpfen ebenso wie von Marionetten und sakralen Gegenständen weiter verwendet.
Mehr oder weniger in allen Ländern bekannt, hat diese wandelbare und originelle Technik bis in unsere Zeit überlebt.

TECHNIK

Das Papier

Zur Herstellung von Pappmaché eignen sich alle Papierarten. Jedoch ist es am besten, man verwendet solches Papier, das wenig Leim enthält, zum Beispiel Zeitungspapier, Recyclingpapier, Pappe oder auch Wellpappe. Eine der wenigen Regeln bei der Herstellung von Pappmaché betrifft das Papier selbst: Sowohl bei der Technik mit Papierbrei als zu formender Masse als auch beim Überkleben darf das Papier auf keinen Fall geschnitten, sondern muß in Faserrichtung gerissen werden. Papier besitzt nämlich eine „Richtung", die man ermitteln kann, indem man das Papier zunächst vertikal und dann horizontal zerreißt. Die Richtung, in die es sich leichter reißen läßt, ist die Faserrichtung.

ZEITUNGSPAPIER

Dabei handelt es sich um das am besten geeignete Material, da es den Leim gut aufsaugt und sich leicht formen läßt. Zudem hat es ein geringes Volumen.

VERPACKUNGSKARTON

Aus Pappe und Wellpappe schneidet man die Teile aus, die mit Zeitungspapier überzogen werden, und baut damit die Grundformen der Möbel. Dieses Material ist für die Arbeit mit Pappmaché sehr gut geeignet, weil es den Leim vorzüglich absorbiert.

PACKPAPIER

Wenn es sich um eine schwere Qualität handelt, muß es wegen seiner Beschichtung lange eingeweicht werden.

MAISPAPIER

Es eignet sich gut für die Kaschiertechnik, da es voluminös ist und den Leim gut absorbiert. Wird es jedoch zu feucht, kann es leicht zerreißen.

RECYCLINGPAPIER

Es ist in vielen Farben erhältlich. Diese Papierart ist normalerweise eher grob strukturiert und enthält viele Naturfasern. Da es kaum beschichtet ist, eignet es sich sowohl für die Herstellung der Papiermasse als auch für das Kaschieren.

SEIDENPAPIER

Seidenpapier ist stark beschichtet, da es jedoch überaus leicht ist, eignet es sich sehr gut zum Einweichen, für Kreppeffekte und zum Kaschieren. Wird das Papier vom Leim durchweicht, lösen sich die Farben und bilden interessante Oberflächen, so daß eine Bemalung sogar überflüssig wird.

Für das Pappmaché

LEINÖL
Es wird in geringen Mengen dem Papierteig beigemengt, dadurch wird er glatter und geschmeidiger. Man sollte jedoch nicht zuviel Leinöl verwenden, da es die Trocknung verlangsamt.

PINSEL
Flache Pinsel sind ideal dazu geeignet, den Leim zwischen den einzelnen Papierschichten gut zu verteilen und um nach dem Trocknen die Grundierung aufzutragen. Zum Bemalen und Dekorieren verwendet man Pinsel verschiedener Stärken.

VINYLLEIM
Dieser Leim wird mit etwas Wasser vermischt. Er muß frei von Klümpchen sein. Er ist sehr gut für die Kaschiertechnik geeignet. Er ist unverzichtbar für ein gutes Ergebnis beim Modellieren mit Papierteig.

TAPETENKLEISTER IN PULVERFORM
Es wird für die Herstellung des Papierteigs verwendet. Man kann es auch zusätzlich zum Vinylleim in kleinen Mengen unter den Papierteig mischen oder zwischen den einzelnen Papierschichten auftragen.

SCHÜSSELN UND LÖFFEL
In welchen Größen man sie benötigt, hängt von den Maßen des Gegenstands ab, der hergestellt werden soll.

GIPS IN PULVERFORM
In jedem Farbengeschäft erhältlich und sehr preiswert. In kleinen Mengen dem Pappmachébrei beigemengt, verleiht er der Mischung größere Festigkeit. Man darf jedoch nicht zuviel davon verwenden, da sonst die Masse nach dem Trocknen zu spröde und auch zu schwer werden kann.

SELBSTKLEBENDES KREPPBAND
Es dient zum vorübergehenden Fixieren der Kartonformen vor dem Kaschieren. Normalerweise wird das Band wieder entfernt, weil es zu stark aufträgt.

ZWEIKOMPONENTENKLEBER
Zur Zeit der stärkste Kleber auf dem Markt. Er wird bei der Dekoration verwendet, um Griffe oder diverse Details zu befestigen.

SCHERE UND CUTTER
Beide sind unverzichtbar zum Ausschneiden der zu kaschierenden Formen aus Karton. Der Cutter wird zudem bei der Herstellung des Pappmachéteigs benötigt.

ELEKTRISCHER HANDMIXER
Ist nützlich, jedoch nicht unbedingt erforderlich und dient zur Zerkleinerung der Papiermasse nach dem Kochen. Mit Hilfe des Gerätes erhält man eine überaus weiche Masse.

GUMMIHANDSCHUHE
Ratsam sind Wegwerfhandschuhe, denn sie sind weicher als herkömmliche Küchenhandschuhe. Dadurch wird die Tastfähigkeit in den Händen nicht allzusehr reduziert.

GUMMIERTER KLEBESTREIFEN AUS PAPIER
Es handelt sich um einen Klebestreifen aus dünnem, grobem Papier mit einer gummierten Seite, die man zum Kleben mit Wasser befeuchten muß. Der feuchte Papierstreifen zeichnet sich durch eine hohe Klebekraft aus, und seine Ränder lassen sich zudem gut modellieren, weshalb man damit auch die scharfen Kanten der einzelnen Teile einfaßt.

ALU- UND KLARSICHTFOLIE
Folien sind unbedingt notwendig für die Aufbewahrung von Resten des Pappmachéteigs, zum Abdecken der Arbeitsfläche und um in die Masse unregelmäßige Formen einzudrücken.

Für die Dekoration

TEMPERAFARBEN
Die wasserlöslichen, matten Farben können sehr leicht verschmutzen und sind nicht wasserfest. Daher sollten sie lackiert werden, was die Oberfläche allerdings verändert.

ACRYLFARBEN
Sie besitzen eine starke Leuchtkraft und sind äußerst vielseitig verwendbar. Mit etwas Wasser vermischt, erscheinen sie transparent wie Aquarellfarben. Unvermischt oder in zwei Schichten aufgetragen, ist ihre Farbgebung intensiv und glänzend. Nach dem Trocknen sind sie wasserfest, und eine Lasur ist überflüssig. Im Handel sind sie in der preiswerteren Studioausführung erhältlich sowie in der Standardgröße, bei der man aus einer breiten Farbpalette wählen kann.

KLARLACKE FÜR GLASMALEREI
Diese Lacke können verwendet werden, um spezielle Glanz- oder transparente Effekte zu erzielen. Auch auf einer weißen Grundierung wirken sie reizvoll.

SPACHTELMASSE
Relativ neu auf dem Markt sind diese körnigen Pasten mit transparenter Wirkung. Wenn man Pappmaché damit überzieht, wirkt es wie Terrakotta oder sogar Granit. Man kann es in feuchtem oder trockenem Zustand einfärben.

„BLATTGOLD"
Hauchdünne Metallfolien sind in Gold, Silber, Bronze etc. erhältlich. Sie ähneln echtem Blattgold, das von Restaurateuren verwendet wird. Unser „Blattgold" wird mit einem speziellen Acrylkleber aufgebracht und ist in Geschäften für Künstlerbedarf erhältlich.

ÖLFARBEN IN METALLTÖNEN
Diese Farben behalten den Glanz der Farbpigmente am besten bei. Da es sich um terpentinlösliche Malmittel handelt, sind sie für Kinder nicht unbedingt geeignet.

ACRYL- UND TEMPERAFARBEN IN METALLTÖNEN
Es handelt sich um wasserlösliche Produkte. Erstere sind nach dem Trocknen völlig wasserfest, aber etwas weniger glänzend.

GRUNDIERWEISS FÜR ACRYLFARBEN
Eine Grundierung in Pastenform, die völlig wasserfest und besonders elastisch ist, so daß nach dem Trocknen keine Sprünge oder Risse auftreten. Eine ideale Grundierung für alle Pappmachéarbeiten.

SCHLUSSFIRNIS
Es gibt die verschiedensten Lacke, sowohl als Spray als auch zum Auftragen mit dem Pinsel in hochglänzend, seidenglänzend oder matt. Sie können transparent oder leicht gelblich sein, um dem Gegenstand ein wenig „Patina" zu verleihen. Gewöhnlicher Bootslack aus dem Farbengeschäft ist ebenfalls geeignet.

PATINA
Dabei handelt es sich um eine Ölfarbe auf der Basis von Bitumen, die man mit einem Lappen auf den bemalten Gegenstand aufträgt. In den Falten des Papiers entstehen dann die für antike Gegenstände typischen dunklen Furchen oder Ränder.

Die Formen

Die Vielfalt der Formen ist unerschöpflich. „Gipsabdrücke" wurden jedoch nicht berücksichtigt, weil sie Kenntnisse im Modellieren voraussetzen. Zudem handelt es sich bei den schönsten Dingen, die man aus Pappmaché herstellen kann, ohnehin um Objekte, deren Formen von Gegenständen des täglichen Gebrauchs leicht zu übernehmen sind. Hier deshalb eine kurze Liste von Formen, die wir Ihnen in den folgenden Kapiteln vorstellen:

- *Vasen*
- *Schalen*
- *Salatschüsseln*
- *Tongefäße*
- *Luftballons*

PAPPMACHÉ ALS FORMBARE MASSE

Die Methode, Pappmaché aus Papierteig und Kleister herzustellen, ist vielleicht die bekannteste Pappmachétechnik. Zeitungspapier wird in kleine Stücke gerissen, eingeweicht und unter Rühren aufgekocht. Nach dem Erkalten wird der Brei ausgedrückt und zusammen mit Kleister und Gips gründlich zu einer tonartigen Masse verknetet, die nach dem Trocknen bearbeitet und mit Schmirgelpapier geglättet werden kann. Diese Methode ist arbeitsaufwendiger als die des Kaschierens, bei der Papierstreifen reichlich mit Leim bestrichen und übereinandergeklebt werden; sie hat aber viele Vorteile:

- *Der Gegenstand muß nur einmal trocknen.*
- *Die Objekte sind überaus haltbar.*
- *Das Material ist äußerst geschmeidig und kann in die verschiedensten Formen gebracht werden.*
- *Man kann sehr rasch Volumen erzeugen.*
- *Durch Pressen des Materials können sogar richtige Papierbögen hergestellt werden.*

Die Fotos in diesem Buch zeigen mit detaillierten Beschreibungen Schritt für Schritt die Entstehung der abgebildeten Gegenstände.

Griffe in Blattform

Mit kleinen Details, etwa ausgefallenen Griffen an den Schubladen, kann man ein schlichtes Möbelstück völlig verwandeln. Die Idee leitet sich von den blattförmigen Griffen aus Bronze- oder Stahlguß ab. Unsere Version aus Pappmaché ist jedoch kaum weniger stabil, und die Blätter sehen nicht so starr und daher realistischer aus. Dieser naturalistische Effekt entsteht durch eine leichte Verformung des Pappmachés während des Trocknens und ist ganz normal.

Sie brauchen für die Griffe

4 Holz- oder Plastikgriffe
4 vorgezeichnete und ausgeschnittene Formen
Zweikomponentenkleber
Acrylfarben, verschiedene Grüntöne, Rot, Gelb
Pinsel
Spachtel

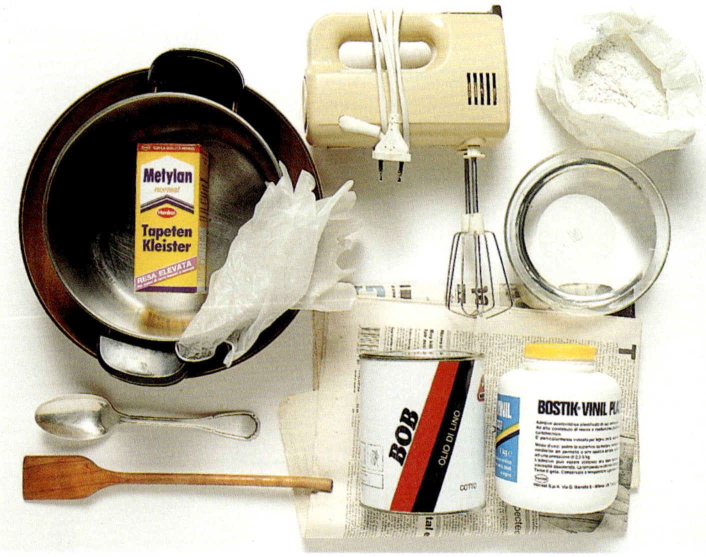

Für das Pappmaché

Mengenangaben für etwa 1 kg Papierteig:
5 Doppelseiten Zeitungspapier
2 gehäufte EL Gips
2 gehäufte EL Tapetenkleister (Pulver)
3 EL Vinylkleister
1 EL Leinöl
große Schüssel
Handmixer oder Quirl
Rührlöffel aus Holz
Holzbrett
Klarsichtfolie
Gummihandschuhe
größerer Topf
feines Sieb
Plastikeimer

A mirarvi così...

1 Das Zeitungspapier in Faserrichtung (die Richtung, in die sich das Papier leichter reißen läßt) in kleine Quadrate (etwa 2–3 cm^2) reißen. Diese in einen großen Topf oder Eimer mit Wasser geben und mindestens 24 Stunden lang einweichen lassen.

2 Nach ein bis zwei Tagen das eingeweichte Papier mit etwa 2 Liter Wasser aufgießen und ungefähr 20 Minuten lang kochen lassen, bis die Papierfasern völlig aufgeweicht sind.

3 Dann den Topf von der Platte nehmen. Wird eine sehr feine Konsistenz der Masse gewünscht, verarbeitet man das Ganze mit dem elektrischen Handmixer zu einem weichen Brei.

4 Gut auskühlen lassen, dann die Mischung fest ausdrücken, um das überschüssige Wasser zu entfernen, ohne daß dabei die Masse allzusehr austrocknet. In eine große Schüssel füllen.

5 Geben Sie jetzt 2 EL Vinylleim hinzu, und verrühren Sie alles gründlich. Der Leim wirkt als Bindemittel; je mehr Vinylleim man hinzufügt, desto fester und haltbarer wird der hergestellte Gegenstand.

6 Dann 2 EL weißes Gipspulver untermischen, um die Konsistenz des Breis zu verbessern. Falls dieser noch zu weich erscheint, kann man die Gipsmenge erhöhen.

7 Geben Sie nun 1 El Leinöl in die Masse. Das Leinöl macht die Masse geschmeidiger, und sie läßt sich besser verarbeiten. Außerdem erhält der hergestellte Gegenstand eine größere Stabilität.

8 Nachdem alles gründlich vermischt wurde, fügen Sie noch 2 EL Tapetenkleister hinzu.

9 *Kneten Sie den Papierteig mit den Händen, bis er die richtige Konsistenz für die Verarbeitung erlangt hat. Gegebenenfalls noch mehr Gips, Kleister oder Leinöl hinzufügen.*

Aus der Pappmachémasse eine gleichmäßige Kugel formen, etwa wie bei der Zubereitung von Pizzateig. **10**

11 *Nehmen Sie eine gut walnußgroße Menge der Masse auf, und legen Sie sie auf ein kleines, mit Klarsichtfolie überzogenes Holzbrett. Drücken Sie die Kugel flach, bis sie eine Stärke von etwa 6–7 mm hat.*

Die vorbereitete Schablone auf den Papierteig legen und mit dem Spachtel entlang den Rändern ausschneiden. **12**

13 *Drücken Sie mit dem Spachtel die Blattadern ein, und glätten Sie die Ränder. Jetzt legen Sie das Blatt auf einen Bogen Papier an einen luftigen, trockenen Ort, bis es fest wird. Eine Trocknung im Backofen bei niedriger Temperatur ist zwar möglich, jedoch können sich die Gegenstände dabei verformen.*

14 *Wenn die Blätter getrocknet sind, sind sie sehr fest. Jetzt können sie dekoriert werden. Wir haben die Acrylfarben direkt aufgetragen, ohne Grundierung oder Gipsuntergrund.*

15 *Einige Tropfen des Zweikomponentenklebers vermischen, auf den Knopf auftragen und 20–30 Sekunden lang antrocknen lassen.*

16 *Das Blatt auf den Knopf drücken. Nach dem Festwerden des Klebers verfügt der Griff über eine große Stabilität. Natürlich ist er auch abwaschbar.*

Zitrusfrüchte

Die Oberfläche des trockenen Pappmachés ist der von Zitrusfrüchten sehr ähnlich. Man kann täuschend echt aussehende Zitronen und Orangen herstellen. Die Wirkung der Früchte ist spektakulär!
Falls keine Styroporkugeln verfügbar sind, kann man Papier-, Plastik- oder Gummikugeln verwenden. Mit Ausnahme der „geschälten" Orangen ist die Herstellung der Orangen und Zitronen selbst für Kinder unproblematisch. Die Zubereitung der Masse entnehmen Sie bitte den vorhergehenden Seiten.

Sie brauchen

eine Kugel Pappmachémasse (aus einer etwa melonengroßen Kugel kann man ungefähr acht Orangen und Zitronen formen)
Styroporkugeln in entsprechender Größe
dünnen, weißen Karton
weißes Seidenpapier
Vinylkleister
Schüssel
flachen Pinsel
Acrylfarben in Weiß, Orange und Gelb
Pinsel
Gummihandschuhe
Gewürznelken

1 DIE GESCHÄLTE ORANGE

Zunächst etwa die Hälfte der Styroporkugel mit einer ungefähr 3–4 mm dicken Schicht Pappmachémasse überziehen.

2 *In einem Schälchen etwas Vinylleim mit Wasser auflösen. Reißen Sie dünnen Karton spiralförmig in einen etwa 3 cm breiten Streifen, um die geschälte Orangenschale nachzuahmen.*

3 *Den Streifen mit Leim an der Kugel befestigen.*

4 *Die Kugel dort, wo sie nicht mit Pappmachéteig bedeckt ist, mit weißem Seidenpapier bekleben. Die Stelle, an der die „Schale“ befestigt ist, sollte dabei ein wenig kaschiert werden.*

5 *Nun die mit Seidenpapier beklebte Fläche gründlich mit Vinylleim bestreichen, so daß sich auf dem Papier Runzeln bilden.*

6 *Überziehen Sie den Streifen auf der Oberseite mit einer dünnen Schicht Pappmaché. Alles mindestens zwei Tage lang gut trocknen lassen.*

7 *Bemalen Sie mit der weißen Acrylfarbe alle Stellen, die nicht mit Pappmaché überzogen sind, also die Unterseite des Streifens und den „geschälten" Teil der Orange.*

8 *Die „Schale" der Frucht jetzt noch orange bemalen. Acrylfarben glänzen leicht, weshalb eine Lasur nicht unbedingt erforderlich ist. Falls gewünscht, kann man die Frucht noch mit Klarlack überziehen.*

Griffe für Kinder

Lustige, farbenfrohe Knöpfe sind eine passende Verzierung für Griffe im Kinderzimmer. Dabei handelt es sich um große bunte Knöpfe aus Pappmachéteig. Sie werden mit Acrylfarben bemalt und abschließend mit hochglänzendem Klarlackspray lasiert.

Für eine kleine Kommode im Badezimmer oder für die Ferienwohnung sind diese hübschen Griffe in Fischform gedacht. Sie wurden mit Temperafarben bemalt und mit seidenglänzendem Transparentlack überzogen.

Schalen

Die Pappmaché-masse ist hervorragend zur Herstellung von Schüsseln und Schalen geeignet. Dabei kann jede beliebige Salatschüssel als Vorlage dienen. Jedoch muß man zum Trocknen genug Zeit einrechnen. Bei einer sehr dicken Pappmachéschicht kann es bis zu einer Woche dauern. Die große Schale kann natürlich auf verschiedene Arten dekoriert werden. Ihre Besonderheit besteht darin, daß sie nicht außen, sondern im Inneren modelliert wurde.

Dasselbe Modell mit der Innenseite in Altgold.

Die Spirale mit den kreisförmigen Rillen wurde mit den Fingern modelliert. Das Innere der Schale ist mit Ölfarben in einem hellen Gold- oder Silberton bemalt, die Außenseite mit weißer, wasserlöslicher Wandfarbe.

Die Innenseite ist in einem Silberton gehalten. Die Außenwände wurden mit mattschwarzer Acrylfarbe bemalt und darauf silberne Spiralen gesetzt.

Innenseite kupfer, außen weiße Wandfarbe.

Ebenfalls sehr effektvoll ist diese kleinere Version einer Schüssel mit modellierter Innenfläche, die in Kupfer und Weiß gehalten ist.

Eine größere Schüssel und vier kleinere Schälchen mit leicht ausgefranstem Rand: Die Pappmaché-masse wurde im Inneren einer Salat-schüssel sowie in vier kleineren Schälchen verstrichen.

Mit einem Spachtel wurden die leicht erhabenen Zackenmuster im Inneren der Formen herausgearbeitet. Die Trockenzeit beträgt etwa vier Tage für die Schälchen und eine Woche für die große Schale.

Das Pappmaché für die Bilderrahmen wurde aus Recyclingpapier hergestellt. Das schwarze und das rote Papier werden separat, und zwar jeweils vier Tage lang, eingeweicht. Danach wird es nur ausgedrückt. Eine Weiterbearbeitung mit dem elektrischen Handrührgerät ist hier nicht notwendig. Die Masse enthält nur etwa einen Eßlöffel Tapetenkleister pro Schüssel. Man muß genügend Zeit ein-

planen, denn es dauert fast zehn Tage, bis die Rahmen vollständig getrocknet sind. Bei dem schwarzen Rahmen wurden zur Verzierung noch einige Formen mit einer Muschel eingedrückt. Nach dem Trocknen setzt man mit dem Pinsel und etwas silberner Ölfarbe einige Farbakzente. Der rote Rahmen erhält dagegen lediglich eine Lasur mit glänzendem Klarlack.

Schreibtischset

Aus Pappmachémasse kann man auch Papier anfertigen und anschließend weiterverarbeiten. Nach diesem Verfahren läßt sich das Schreibtischset herstellen. Als Grundstoff für den Papierteig wurde zunächst helles Papier (Brottüten, Schnittmuster etc.) eingeweicht und dann feingeschnittener Bast beigemengt. Die Masse rollt man aus und deckt sie mit Transparentfolie zu. Sie wird etwa sechs Tage lang gepreßt.

Für den Lampenschirm wurde das Papier schräg zugeschnitten und mit Lederbändchen befestigt.

Von der Stifteablage für den Schreibtisch sollte man zunächst aus festem Papier ein Muster anfertigen, damit die Teile genau zusammenpassen. Danach kann man sie ausschneiden. Zum Verbinden dient ein Lederbändchen.

Den zylindrischen Bleistiftständer kann man auch als Vase für Trockenblumen verwenden. Regelmäßige Löcher bringt man am besten mit einer Lochzange für Ledergürtel an.

Armschmuck

Wer Spaß hat am Entwerfen von Schmuck, der findet im Pappmaché ein phantastisches Material: Es bietet unendliche Möglichkeiten der Gestaltung!

Diese fünf „schweren" Armreife haben in Wirklichkeit kaum Gewicht. Sie wurden mit Temperafarben in warmen Erdtönen bemalt, mit wasserlöslichen Gold- und Silberfarben verziert und schließlich mit mattem Schutzlack überzogen.

Aus großen Perlen, die sich in Form und Dekor unterscheiden, kann man witzige Armbänder selbst herstellen. Auf ein Gummiband gezogen, lassen sie sich leicht überstreifen. Durchbohren Sie die Perlen, solange sie feucht sind, mit einem Holzstäbchen.

Halsketten

Halsketten aus verzierten Pappmachéperlen sind ein origineller Schmuck!

Halskette mit Perlen in Gelbtönen: Die einzelnen Elemente wurden auf eine Lederschnur aufgefädelt und ihre Abstände durch Knoten fixiert. Die Wahl der Farben fiel eindeutig auf Tempera, da die Farbe auch zur rustikalen Form der Perlen paßt. Da Temperafarben nicht wasserfest sind, ist ein Schlußfirnis jedoch unbedingt erforderlich; dafür kann zum Beispiel farblose Schuhcreme verwendet werden.

In derselben Form wie der Armreif, jedoch ein wenig kleiner, dient dieser Ring als Zwischenstück, an dem das Fischlein zappelt. Dieses wird mit metallisch glänzenden Temperafarben bemalt. Ein ungewöhnlicher Schmuck!

KASCHIEREN

Das Übereinanderkleben – auch Kaschieren genannt – von Papierstreifen in oder über einer sogenannten Kernform ist eine alternative Methode zur Verwendung des Faserbreis und zudem die leichtere der beiden Techniken. Ideal zur Herstellung runder Formen sind Luftballons. Ein Luftballon wird mit zahlreichen Schichten aus Papierstückchen und Kleister überklebt oder kaschiert, die nach dem Trocknen die Form perfekt beibehalten. Mit diesem System können die verschiedensten Gegenstände hergestellt werden – von Spielsachen wie Puppenköpfen bis hin zu Wohnaccessoires. Sie finden auf den folgenden Seiten Schritt-für-Schritt-Anleitungen, denen Sie detaillierte Erklärungen zu dieser Technik entnehmen können.

Lampe

Zu den Gegenständen, die mit der Kaschiertechnik am besten gelingen, gehört zweifellos der Fuß einer Lampe. Im Elektrofachhandel sind die Montageteile für die Lampe erhältlich, und ein passender Lampenschirm ist in jedem Kaufhaus zu finden. Die Methode ist zeitaufwendig, da man nur in Etappen arbeiten kann. Denn jede Schicht muß erst trocknen, bevor man die nächste anfügen darf. Und nur gründliches Trocknen garantiert ein optimales Ergebnis.

Sie brauchen

einen mittelgroßen Luftballon
Zeitungspapier
Packpapier
Vinylleim
einen flachen Pinsel
Cutter
2 Schüsseln
Acrylfarben
Grundierweiß für Acrylfarben
Pinsel zum Bemalen
selbstklebende Folie
Anschlußkabel und Lampenfassung
Lampenschirm in passender Größe

1 Das Zeitungspapier in Faserrichtung in Streifen und das Packpapier in Rechtecke reißen. Die Papierstreifen in einer Schüssel mit lauwarmem Wasser einweichen. Achten Sie darauf, daß die Papierstückchen nicht zusammenkleben.

2 Vinylleim mit etwas Wasser vermischen (4 EL auf 1 EL Wasser). Die Zeitungspapierstreifen mit reichlich Leim bestreichen und mindestens zwei Schichten übereinander auf den Luftballon kleben. Durch quer verlaufende Streifen erhält man eine größere Stabilität.

3 Bevor Sie weitere Schichten aufbringen, sollte das Papier über Nacht trocknen. Um der Form größere Festigkeit zu verleihen, werden die Packpapierstreifen aufgeklebt, nachdem sie in Wasser eingeweicht wurden. Kleben Sie davon mindestens drei Schichten auf. Dann an einem luftigen Ort gründlich trocknen lassen.

4 Nach zwei Tagen kann man den Luftballon entfernen, indem man ihn durchsticht und durch die Öffnung herauszieht. Dann oben ein kleines Loch ausschneiden und den Boden gleichmäßig abschneiden, so daß der Lampenfuß gut steht. Falls er zu leicht geraten ist, befestigt man im Inneren kleine Bleiplomben.

5 *Nun das Objekt reichlich mit weißer Acrylgrundierung bestreichen, um der Oberfläche eine bessere Konsistenz zu verleihen. Die Grundierung gut trocknen lassen und dann die Elektroelemente montieren.*

An der Metallscheibe Klebestreifen befestigen und ebenfalls mit Grundierung überziehen. Mit einem Cutter oder einer Scherenspitze ein kleines Loch für das Kabel bohren. **6**

7 *Den Lampenfuß mit schwarzer Acrylfarbe gleichmäßig bestreichen und die Farbe gut trocknen lassen (20–30 Minuten lang).*

Auf selbstklebende Folie einfache Muster aufzeichnen, mit dem Cutter ausschneiden und als Schablone verwenden. Mit einem Pinsel oder einem Schwamm die Acrylfarbe in mindestens zwei Schichten dickflüssig auftupfen. **8**

Blumen-
topf

Die Grundform für diese fröhlichen Blumentöpfe kann man auch für Wandlampen verwenden. Sie sind als originelles Geschenk ebenso interessant wie zur Belebung trister Wände.

Sie brauchen

einen mittelgroßen Luftballon
Zeitungspapier
Wellpappe
Cutter
Bleistift
Vinylleim
gummierten Papierklebestreifen
Grundierweiß für Acrylfarben
Acrylfarben zum Bemalen
Pinsel
glänzenden Klarlack

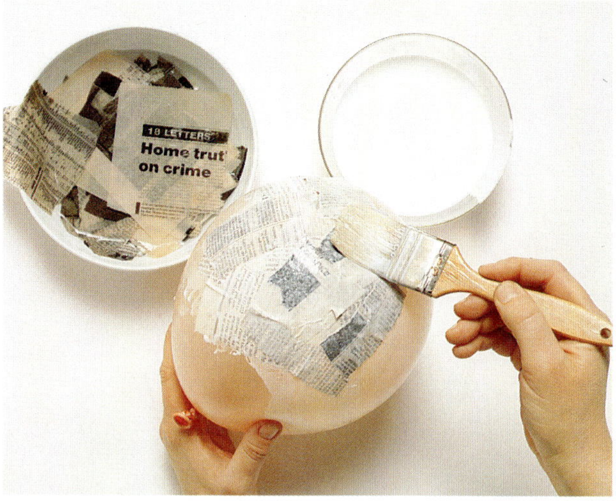

1 *Luftballon aufblasen, Zeitung in Faserrichtung in Streifen reißen und diese in lauwarmem Wasser einweichen. 8 EL Vinylleim mit 2 EL Wasser vermischen und gut auflösen. In zwei Arbeitsgängen mindestens fünf Papierschichten aufkleben. Die Streifenrichtung immer wieder ändern.*

2 *Nach dem Trocknen, das etwa drei Tage dauert, den Ballon durchstechen und die Pappmachéhülle mit einem Cutter in der Mitte durchschneiden.*

3 *Jetzt legen Sie eine Hälfte auf ein Stück Wellpappe. Die Umrisse mit dem Bleistift nachzeichnen und mit dem Cutter ausschneiden.*

4 *Mit dem gummierten Papierklebeband (in Wasser einweichen, so daß sich der Klebstoff auflöst, wodurch er eine sehr hohe Klebekraft und Elastizität erhält) die ausgeschnittene Rückwand nun an der Kugelhälfte befestigen.*

5 *Die gesamte Form jetzt mit ein bis zwei Zeitungs- und Leimschichten kaschieren.*

6 *Nachdem diese gut getrocknet sind, wird das ganze Objekt weiß grundiert.*

7 *Nach dem Trocknen der Grundierung kann das Objekt mit Acrylfarben in Gelb- und Grüntönen bemalt werden.*

8 *Wenn die Farben getrocknet sind, mit Klarlackspray lasieren.*

Zwei weitere Vorschläge für Blumengefäße oder Wandbehälter.

Diese erdfarbenen Wandbehälter wurden mit hellem Bienenwachs für die Möbelpflege behandelt und danach mit einem weichen Wolltuch gründlich poliert. Ihre Bemalung erinnert an die Handwerkskunst der afrikanischen Eingeborenen.

ÜBER EINE FORM KASCHIERT

Gegenstände aus Pappmaché auf einer vorgegebenen Form herzustellen, das ist eine Variante der Methode des Kaschierens und wahrscheinlich eine der interessantesten Techniken. Denn mit ein wenig Geduld kann man damit jede Art von Geschirr einfach nacharbeiten – ganz besondere und obendrein unzerbrechliche Einzelstücke entstehen. Diese Methode ist zwar arbeitsintensiv, das wunderbare Ergebnis entschädigt jedoch mit Sicherheit für den eher großen Aufwand.

Afrikanische Vase

Mit der folgenden Methode ist es sehr einfach, Vasen oder andere Objekte nachzubilden und ihnen mit Hilfe der entsprechenden Bemalung den typischen „Ethno-Look“ zu verleihen. Wir zeigen Ihnen die Herstellung einer afrikanischen Vase. Die Arbeitsgänge sind Schritt für Schritt beschrieben. Mit etwas Übung können Sie auch eigene Ideen verwirklichen.

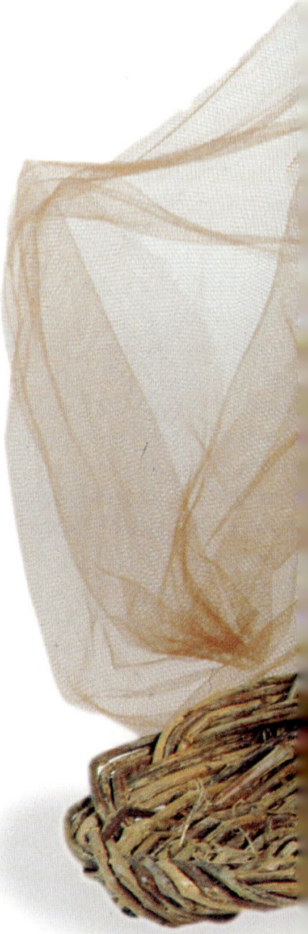

Sie brauchen

kleines Terrakottagefäß oder Vase
Zeitungspapier
Packpapier
Frischhaltefolie
Vinylleim
Grundierweiß für Acrylfarben
flachen Pinsel
2 Schüsseln
gummierten Papierklebestreifen
Schmirgelpapier
Acrylfarben
Pinsel
Möbelwachs

1 *Die Zeitung in Faserrichtung in Streifen reißen. Die Streifen in einer Schüssel mit lauwarmem Wasser einweichen.*

2 *Das Packpapier ebenfalls in Faserrichtung in kleine Rechtecke reißen und einweichen.*

3 *Das Gefäß mit Folie umwickeln.*

4 *In der Schüssel etwas Vinylleim mit Wasser vermischen (4 Teile Vinylleim zu 1 Teil Wasser) und gut auflösen. Die mit Folie überzogene Oberfläche der Vase gleichmäßig mit Leim bestreichen.*

5 Das Zeitungspapier leicht ausdrücken. Am besten, Sie legen die Streifen über den Schüsselrand, das erleichtert die Arbeit.

6 Nun Papier und Leim in Schichten aufbringen. Den Leim sorgfältig auftragen, damit auch die Ecken gut haften. Denn sonst löst sich das Papier nach dem Trocknen leicht wieder ab.

7 Wenn Sie mindestens drei Schichten Zeitungspapier aufgebracht haben, lassen Sie das Ganze über Nacht trocknen. Danach werden drei Schichten aus dem Packpapier darübergelegt.

8 Das Pappmaché muß nun vier oder fünf Tage lang gut trocknen. Danach wird die Pappmachéform mit einem Cutter genau in der Mitte aufgeschnitten.

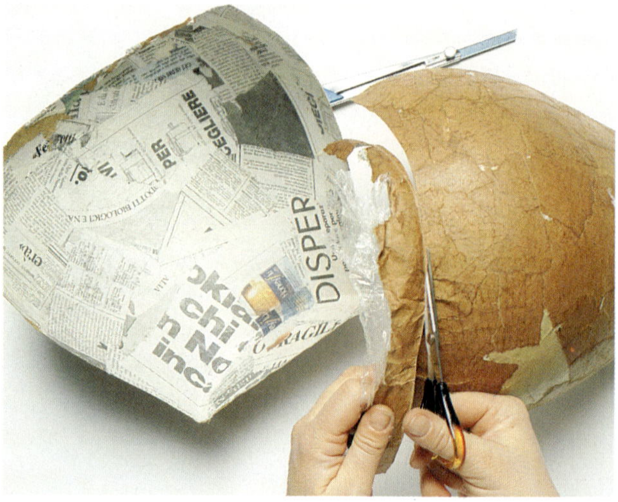

9

Entfernen Sie die Pappmachéteile sehr vorsichtig von der Vase, denn sie können leicht zerbrechen.

10

Überstehende Ränder werden mit der Schere abgeschnitten.

11

Befeuchten Sie jetzt die gummierte Seite des Papierklebestreifens mit Wasser.

12

Verbinden Sie die beiden Teile der Vase mit dem Papierklebestreifen, und achten Sie darauf, daß sie genau an der richtigen Stelle wieder zusammengefügt werden.

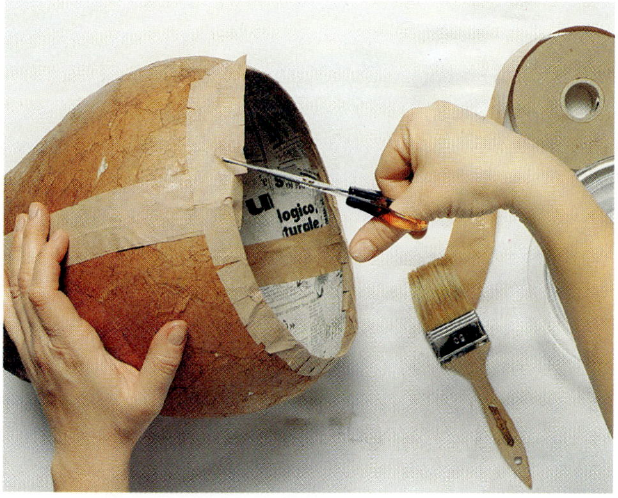

13 *Fassen Sie mit dem Klebeband auch den oberen Rand der Vase ein, um einen gleichmäßigen Abschluß zu erhalten. Dazu werden mit der Schere viele kleine Einschnitte im Klebestreifen angebracht.*

14 *Jetzt benötigt man erneut einige eingeweichte Zeitungsstreifen sowie Leim, um eine weitere Schicht aufzubringen und damit die Verbindungsstelle zu kaschieren. Für das Trocknen genügt eine Nacht.*

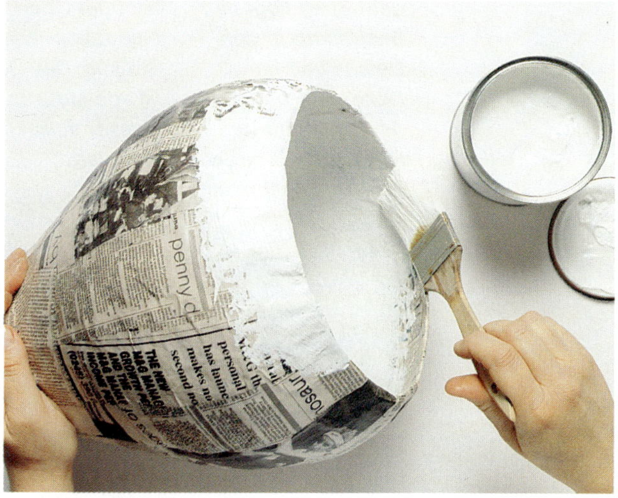

15 *Nach dem Trocknen grundieren Sie die Vase innen und außen mit Weiß.*

16 *Schmirgeln Sie die Vase ab, und bemalen Sie sie innen zunächst schwarz und dann braun. Danach können Sie die Außenseite mit Acrylfarben bemalen. Behandeln Sie die Außenfläche zum Schluß mit hellem Möbelwachs, und polieren Sie sie mit einem weichen Wolltuch. Das Innere erscheint matt.*

Vasen

Zwei Terrakottaschalen, die auf dem Land als Vogeltränke dienten, waren die Vorlage für diese eigenwillig geformten Gefäße. Um sie zu erhalten, wurde die Pappmachéform in vier Teile zerschnitten, wobei sich das erneute Zusammenfügen als nicht unproblematisch erwies. Die Außenflächen bleiben unbemalt. Mehrere Schichten eines selbstgefertigten Papiers, das Kokos- und Maisfasern enthält, bilden die interessante Oberfläche. Nur die Innenseite wird mit schwarzer Acrylfarbe bemalt und dann mit Klarlack lasiert.

Bei der großen Schüssel mit niedrigem Rand liegt das Besondere in den Details und im Dekor. Der braunen Acrylfarbe für den Hintergrund wurde körniger Acrylmörtel beigemengt, das verleiht der Oberfläche eine rauhputzähnliche Struktur. Das Dekor ist von Motiven afrikanischer Volkskunst inspiriert.

Eine kostbare Glasvase von Venini diente als Vorlage für dieses Objekt. Das Dekor ist überaus phantasievoll: Auf schwarzem Acrylgrund wurden feine Glaskristalle aufgebracht und nach dem Trocknen mit Glasmalfarben überzogen. Diese überaus transparenten Farben erzielen beim Kontakt mit den Glaskristallen höchst eigenwillige Effekte. Die schwarzen Kreise wurden mit Stoffmalfarben aufgetragen.

Auch für dieses Objekt in der klassischen schmalen, hohen Form diente eine Glasvase als Vorlage. Auf die Oberfläche wurde grauer Mörtel mit Metalleffekt mit einem rauhen Schwamm aufgebracht. Die Muscheln am Rand können in den feuchten Mörtel gedrückt werden.

EINGE-SCHLOSSENE FORM

Die Farbpalette von Seidenpapieren enthält eine unüberschaubare Vielfalt von Farbtönen. Wer schon mit Wasser, Kleber und Seidenpapieren gearbeitet hat, weiß, daß sich die Farben des Papiers auflösen und miteinander vermischen. Die Papiermasse läßt sich um Gegenstände kaschieren. Läßt man das geformte Papier mit der entstandenen Farbmixtur trocknen, entstehen interessante Effekte. Allzugern wird Papmaché auch mit Karneval und mit den dazugehörigen Masken in Verbindung gebracht. Die Techniken zur Herstellung der Masken sind überaus vielfältig. Sie lassen sich auch nach der hier vorgestellten Methode herstellen. Pappmaché wird über eine Maske aus Kunststoff modelliert und nach dem Trocknen bemalt.

Tablett in Pastelltönen

Dieses hübsche kleine Tablett ist in erster Linie als originelle Platte für Konfekt gedacht. Servieren Sie Ihren Gästen darauf Schokolade, Pralinen, Kekse, Trockenfrüchte oder andere Leckereien!

Sie brauchen

eine runde Glasschüssel
Seidenpapier in Pastellfarben
Pack- oder Recyclingpapier
Vinylleim
flachen Pinsel für den Leim
kleine Schüssel
Frischhaltefolie
Klarlack
Pinsel zum Lackieren

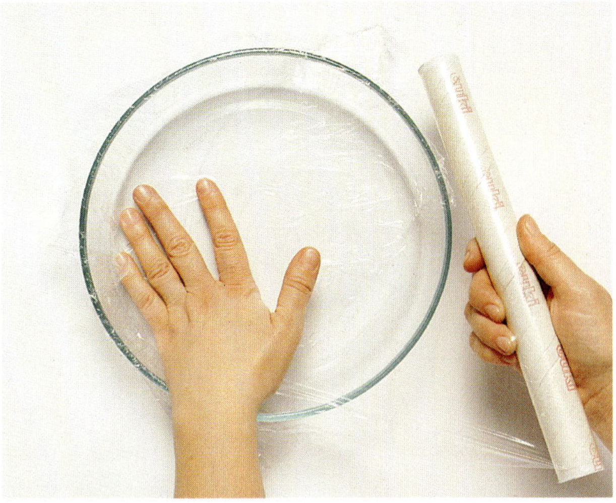

1 *Den Boden der Schüssel mit Klarsichtfolie bedecken.*

2 *In einem Schälchen Vinylleim mit Wasser auflösen (4 Teile Leim zu 1 Teil Wasser) und den Leim dann auf dem Boden der Schüssel verteilen.*

3 *Das bunte Seidenpapier in Streifen und Dreiecke reißen und kranzförmig aufkleben. Leim dabei großzügig verteilen.*

4 *Kleben Sie mindestens drei bis vier Seidenpapierschichten übereinander.*

5 *Danach das Pack- oder Recyclingpapier in kleine Quadrate reißen, in Wasser einweichen und auf die Seidenpapierschichten aufbringen.*

6 *Es sind mindestens zwei solcher Schichten erforderlich, wobei mit dem Pinsel reichlich Leim aufgetragen wird. Das Ganze dann ein bis zwei Tage lang trocknen lassen.*

7 *Danach werden erneut zwei oder drei Schichten des bunten Seidenpapiers darübergeklebt, wobei man auf die Farbzusammensetzung achten sollte. Die Schichten gut trocknen lassen.*

8 *Nun die Form aus der Schüssel nehmen und die Ränder mit der Schere abschneiden. Eventuell müssen die Schnittkanten durch Aufkleben von Seidenpapier abgerundet werden. Schließlich im Abstand von jeweils einigen Stunden noch zwei- bis dreimal lackieren, damit die Schale haltbarer wird.*

Seidenpapier in den Tönen Rot, Rosé, Orange und Hell-rosa wurden für diese hübsche ovale Schale verwendet. Als Vorlage diente eine feuerfeste Backform.

In einem großen Punschglas wurde diese in Hell- und Dunkelblau, Türkis, Violett und Rosa gehaltene Schale geformt.

Für diese Schale wurde Seidenpapier in verschiedenen Grün- und Gelbtönen verwendet. Als Vorlage diente eine Salatschüssel.

Platzteller

Mit einer Vorlage aus Metall oder Kunststoff werden originelle Platzteller geformt. Durch Verwendung von weißem Seidenpapier über dem blauen erzielt man die interessante transparente Wirkung.

Tischset Melone

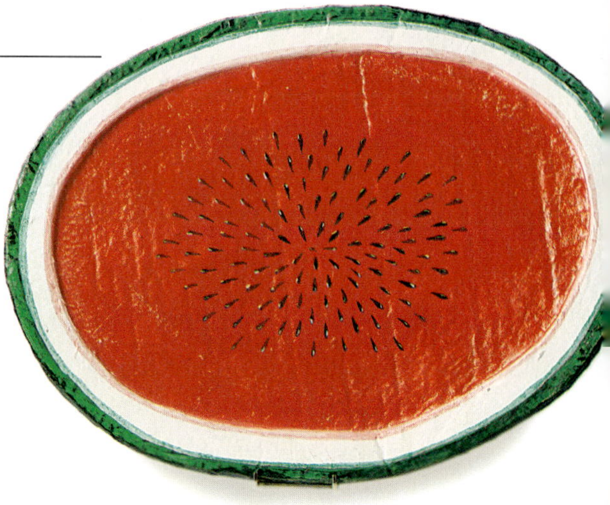

Das Tischset mit Wassermelonendekor besteht aus Tablett und Untersetzern. Es wurde auf flachen Tellern geformt. Alles wird mit Acrylfarben bemalt. Die Oberfläche wird dreimal mit seidenglänzendem Klarlack lasiert, um sie wasserbeständig zu machen.

Der Wolf

Masken können Sie nach derselben Methode herstellen. Statt einer Schale verwenden Sie einfach Kunststoffmasken, auf denen Tiergesichter dargestellt sind. Diese Masken sind zwar oft sehr schön, aber viel zu empfindlich, um wilde Kinderspiele zu überstehen. Mit der Kaschiermethode ist eine solche Maske einfach und relativ rasch nachgearbeitet. Die Bemalung macht großen Spaß!

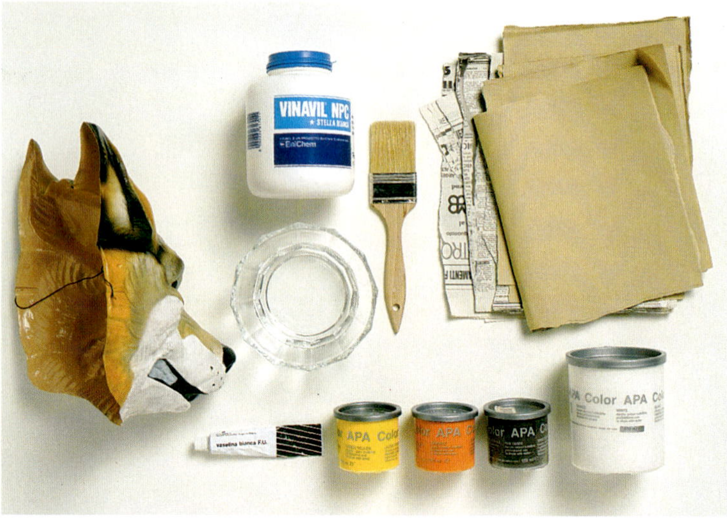

Sie brauchen

Karnevalsmaske aus Plastik
Zeitungspapier
Pack- oder Recyclingpapier
Vinylleim
Vaseline
Pinsel
2 Schüsseln
Acrylfarben
Spray zum Lasieren (Seidenglanz)

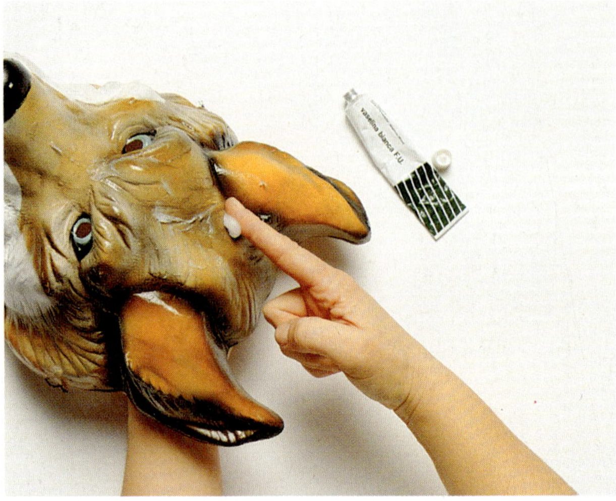

1

Die gesamte Oberfläche der Maske mit reichlich Vaseline bestreichen. Achten Sie darauf, daß Sie keine Furche oder Vertiefung übersehen.

2

Das Zeitungspapier in Faserrichtung in kleine, etwas mehr als briefmarkengroße Quadrate zerreißen und in lauwarmem Wasser einweichen.

3

In einer Schüssel den Klebstoff mit Wasser auflösen (4 Teile Vinylleim auf 1 Teil Wasser). Den Leim mit einem Pinsel verteilen und die erste Zeitungsschicht aufbringen.

4

Auf diese Weise werden mindestens je drei Zeitungs- und Leimschichten aufgetragen. Das Ganze nun gut trocknen lassen. Danach Pack- oder Recyclingpapier in kleine Stücke reißen, einweichen und zwei Schichten davon mit reichlich Leim auf die Maske aufbringen. Die Maske zwei Tage lang gut trocknen lassen.

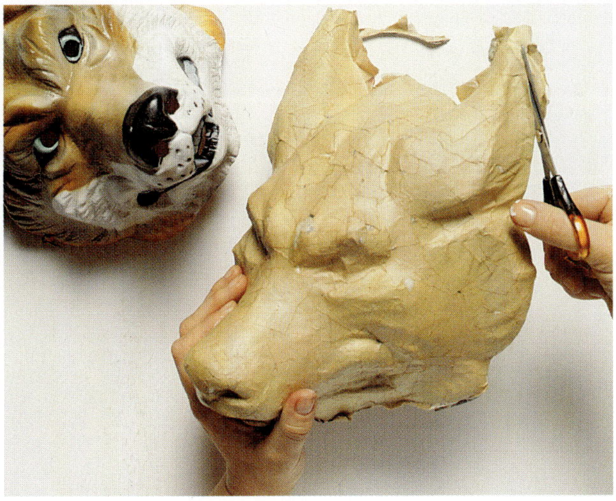

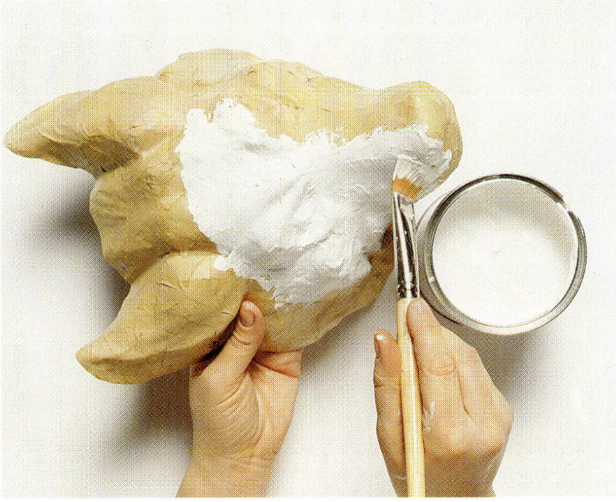

5 *Nehmen Sie nach dem Trocknen die Pappmachémaske von der Plastikform ab. Die Ränder mit einer scharfen Schere zuschneiden. Schließlich noch Nasen- und Augenöffnungen anbringen.*

6 *Die Maske nun mit Acryl- oder Gipsgrundierung in Pastenform überziehen und trocknen lassen.*

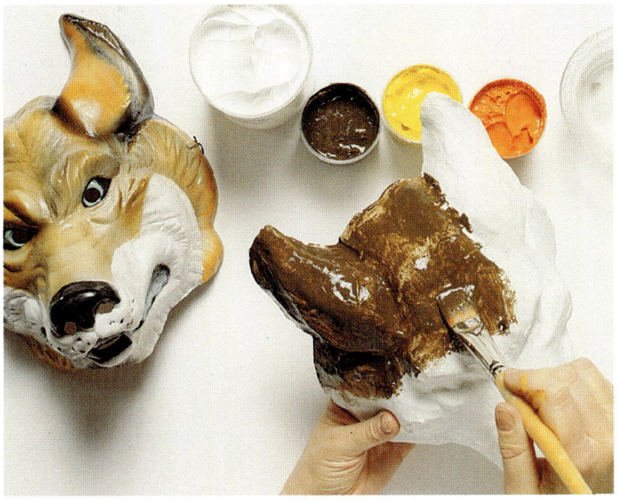

7 *Mit Acrylfarben nach der Kunststoffvorlage bemalen und nach dem Trocknen der Farben mit Klarlackspray lasieren.*

Pinocchio

Wer kennt ihn nicht, den kleinen hölzernen Jungen namens Pinocchio? Aus dem rechts abgebildeten Kunststoffvorbild entstand eine Maske aus Pappmaché, die das hölzerne Gesicht des echten Pinocchio verblüffend echt imitiert. Die Maske wurde mit Acrylfarben bemalt und mit einem transparenten Seidenglanzspray lasiert.

Kunststoff

Pappmaché

Venezianische Masken

Die klassischste der venezianischen Masken ist „La Bautta". Im 18. Jahrhundert verbargen sich hinter dieser Maske die Höflinge und der Adel Venedigs. Das abgebildete Exemplar aus Pappmaché wurde zunächst vollständig mit Ölfarbe in Altgold bemalt und nach dem Trocknen mit einer schwarzen Acrylschicht überzogen. Öl- und Acrylfarben kann man eigentlich nicht gemeinsam verwenden, daher hat letztere Risse gebildet, wodurch ein interessanter Krakelee-Effekt erzielt wurde und der goldene Untergrund durchschimmert. Für die Einfassung wurde eine schwarze Kordel verwendet.

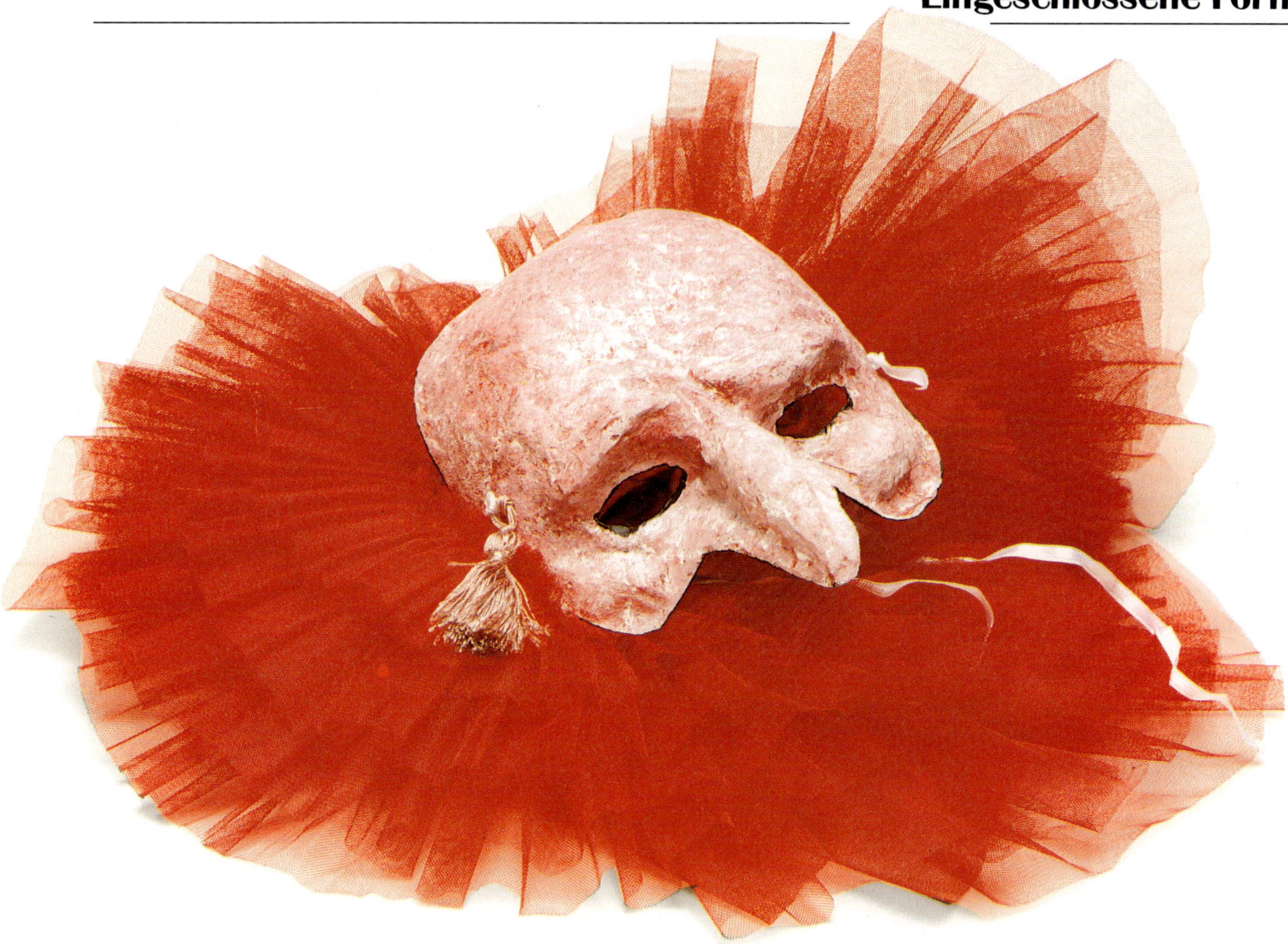

Auch die klassischen Masken der Commedia dell'arte sind zur Nachbildung vorzüglich geeignet. Und man kann sie nicht nur als Karnevalsmasken nutzen, sondern sie sind auch eine wunderschöne Wanddekoration.

Die abgebildete „Pantalone"-Maske wurde mit mehreren Schichten unverdünnten Temperafarben bemalt und nicht lackiert, damit der typische „trockene" Temperaeffekt erhalten bleibt – sie ist allerdings nicht wasserfest. Als Blickfang wurde noch eine im Farbton passende Quaste angefügt. Die Innenseiten aller Masken sind mit schwarzer Acrylfarbe überzogen.

Esel und Harlekin

Diese zur Tierserie passende Eselsmaske bereitet wegen der langgezogenen Schnauze technisch die größten Schwierigkeiten. Wem die Form nicht gelingen will, der sollte sie in der Mitte teilen und danach wieder zusammenfügen, wie wir es bei den Vasen bereits erfolgreich praktiziert haben. Trägt man auf die Plastikmaske am Anfang genügend Vaseline auf, dürfte es jedoch keine größeren Probleme geben. Die Maske wurde mit Acrylfarben bemalt und mit dem Pinsel seidenglänzend lasiert. Sie wird dadurch auch stabiler. Man kann sie auch mit einer Quaste verzieren. Innen ist sie mit schwarzer Acrylfarbe bemalt.

Eine farbige Version der klassischen Maske des Harlekins. Sie ist mit blauen und grünen Acrylfarben bemalt. Abschließend wurde sie mit dem Pinsel seidenglänzend lasiert und mit einer Borte eingefaßt.

PAPPMACHÉ MIT FORMKERN

Auf den folgenden Seiten stellen wir Ihnen eine Technik vor, mit der sich größere Objekte herstellen lassen, etwa Möbel und andere Gegenstände in allen möglichen Formen und Größen. Wie immer gibt es auch hier keine festen Regeln. Mit Hilfe der Schritt-für-Schritt-Anleitungen und vieler Abbildungen ist es ganz leicht, die vorgestellten Gegenstände nachzuarbeiten. Entwerfen Sie aber auch eigene Motive, und fertigen Sie originelle Objekte und Geschenke nach Ihren Vorstellungen an!

Schachtel mit Initiale

Es handelt sich bei diesem Projekt um eine simple Idee von großer Wirkung, die sich auch als Verpackung für Geschenke vorzüglich eignet. Dieses Projekt ist in der Ausführung das leichteste in diesem Kapitel. Man kann dafür einen alten Schuhkarton zu neuen Ehren kommen lassen. Für die Ausarbeitung benötigen Sie einige Zeit und auch etwas Geduld.

Sie brauchen

Schachtel aus festem Karton
Zeitungspapier
Packpapier
Wellpappestücke
Cutter
Vinylleim
gummierten Papierklebestreifen
Pinsel
Grundierweiß für Acrylfarben
Acrylfarben
2 kleine Schälchen

1 Auf ein Blatt Papier den gewünschten Buchstaben in drei verschiedenen, aufeinander abgestuften Größen aufzeichnen und als Schablonen ausschneiden.

2 Übertragen Sie die Schablonen nun auf Wellpappe, und schneiden Sie sie ebenfalls aus.

3 In einem Schälchen den Vinylleim in etwas Wasser auflösen und sehr gut vermischen (4 Teile Leim auf 1 Teil Wasser). Die Buchstaben übereinander auf den Deckel der Schachtel kleben.

4 Zeitung in Faserrichtung in Streifen reißen und befeuchten. Den gesamten Deckel mit ein bis zwei Zeitungs- und Leimschichten kaschieren. Für die Seitenwände größenmäßig abgestufte Pappestücke in der gewünschten Form ausschneiden und aufkleben und mit mindestens je einer Papier- und Leimschicht überdecken. Sie können auch das Innere der Schachtel mit Zeitungspapier bekleben.

5 *Nachdem Leim und Papier mindestens eine Nacht lang getrocknet sind, wird die gesamte Schachtel mit Acrylweiß grundiert, eine herkömmliche Gipsgrundierung ist jedoch ebenfalls möglich.*

6 *Nach dem Trocknen der Grundierung die Schachtel mit Acrylfarben bemalen.*

7 *Verteilen Sie zum Abschluß auf der bemalten Oberfläche mit einem trockenen Pinsel noch etwas silberne Acrylfarbe.*

„Dalí"-Rahmen

Der Rahmen basiert auf einer Form, die man in vielen verschiedenen Versionen herstellen kann. Die weiche Linienführung klingt an den surrealistischen Stil an, weshalb wir sie nach dem großen Vertreter dieser Kunstrichtung, Salvador Dalí, benannt haben. Sie bietet sich für viele Gestaltungsideen an und kann beliebig abgewandelt werden.

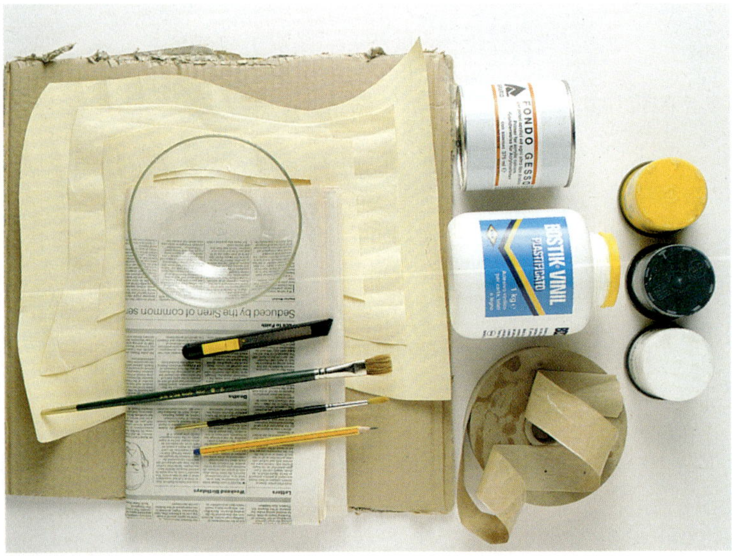

Sie brauchen

Wellpappestücke
Zeitungspapier
gummierten Papierklebestreifen
Vinylleim
Papierschablonen in der Form des Rahmens
Cutter
Pinsel
Bleistift
Acryl- oder Gipsgrundierung
Acrylfarben

1 Stellen Sie drei größenmäßig aufeinander abgestufte Papierschablonen her, und übertragen Sie sie auf Wellpappe.

2 Die drei Formen mit dem Cutter ausschneiden.

3 Das gummierte Papierklebeband mit einem Pinsel befeuchten und dann die drei Teile miteinander verbinden.

4 Zeitungspapier in Faserrichtung in Streifen reißen. Die Streifen in einer Schale mit lauwarmem Wasser einweichen. Den Leim gut auflösen (4 Teile Leim auf 1 Teil Wasser). Bringen Sie dann auf die gesamte Kartonfläche mindestens jeweils zwei Zeitungs- und Leimschichten auf. Über Nacht trocknen lassen.

5 *Überziehen Sie nach dem Trocknen den gesamten Rahmen mit einer Schicht weißer Acrylgrundierung. Sie können auch eine Gipsgrundierung anlegen, sie ist jedoch in der Konsistenz „mehliger".*

6 *Mischen Sie die Acrylfarben für die Bemalung mit etwas Wasser.*

7 *Mit Acrylfarbe, die mit einem trockenen Pinsel aufgetragen wird, erhält die Bemalung abschließend ihre effektvolle Lasur.*

Bord – wie im Mittelalter

Nun kommen wir zu einem echten „Möbelstück". Das kleine Regal trägt Bücher und einige hübsche Gegenstände und ist ein wahres Schmuckstück. Der Stil erinnert ein wenig an dreiteilige Bildtafeln aus dem Mittelalter. Nach derselben Methode kann man selbstverständlich auch Stühle, Tische, größere Regale und andere Einrichtungsgegenstände herstellen.

Sie brauchen

große Wellpappestücke
Zeitungspapier
gummierten Papierklebestreifen
Kreppklebeband
Vinylleim
Cutter
Schere
2 Schälchen
Leimpinsel
Pinsel
Acrylfaben
transparenten Bootslack
Schwämmchen

Storia e civiltà dei Greci / 10
La cultura ellenistica
Le arti figurative
Bompiani
Bompiani

1 Fertigen Sie für das Bord eine Schablone aus Papier an, und schneiden Sie die Teile aus Pappe zu. Vom Oberteil und von der Platte benötigt man jeweils drei Teile, während vom unteren zwei genügen. Alle Teile nun mit dem Kreppklebeband zusammenfügen. Überprüfen Sie, ob sie passen.

2 Jetzt das gummierte Papierklebeband befeuchten und einige Stücke davon abreißen. Fassen Sie damit das gesamte Bord ein.

3 Die drei Kartonschichten werden mit Klebeband fest miteinander verbunden. Alle Verbindungen des Objekts müssen stabil sein.

4 Überziehen Sie jetzt die gesamte Fläche mit je zwei Leim- und Zeitungsschichten, und lassen Sie alles über Nacht trocknen.

5 *Nach dem Trocknen wird das Bord mit weißer Acrylgrundierung überzogen.*

6 *Wenn die Grundierung trocken ist (etwa nach einer halben Stunde), werden mit dem Kreppklebeband alle Ränder abgedeckt.*

7 *Jetzt können Sie mit dem Schwämmchen eine erste Schicht der unverdünnten Acrylfarbe aufbringen. Auf diese Weise mit dem Farbauftrag fortfahren.*

8 *Dann das Kreppband abziehen. Verteilen Sie nun auch auf den zuvor abgedeckten Stellen mit dem Schwämmchen etwas Farbe. Achten Sie darauf, daß der Rand heller bleibt. Tragen Sie zum Schluß silberne Streifen und Pünktchen auf. Dazu wird die Acrylfarbe mit etwas Wasser vermischt. Das Bord muß nicht lasiert werden.*

Uhren

Witzig und frech, erinnern sie an die klassische Wohnzimmeruhr aus Nußbaumwurzelholz. Die Basis der Bemalung ist ein Grundanstrich mit schwarzer Acrylfarbe. Die Oberseite wird als Mosaik gestaltet. Durch das Auftragen goldener Acrylfarbe mit dem trockenen Pinsel ergibt sich der interessante, matte Effekt.

Eine Standuhr, die aus einem Schuhkarton gefertigt wurde, ist ein sehr ungewöhnliches Objekt. Die Uhr steht auf Füßen und wird oben und vorn mit Zierleisten versehen. Die Oberfläche kann mit Acrylfarben in Pastell- und Metallictönen bemalt werden.

Himmlische Schachteln

Für die Schachtel mit großem, erhabenem Stern werden neun Schichten aus dünnem Karton in Sternform stufenartig übereinandergeklebt.

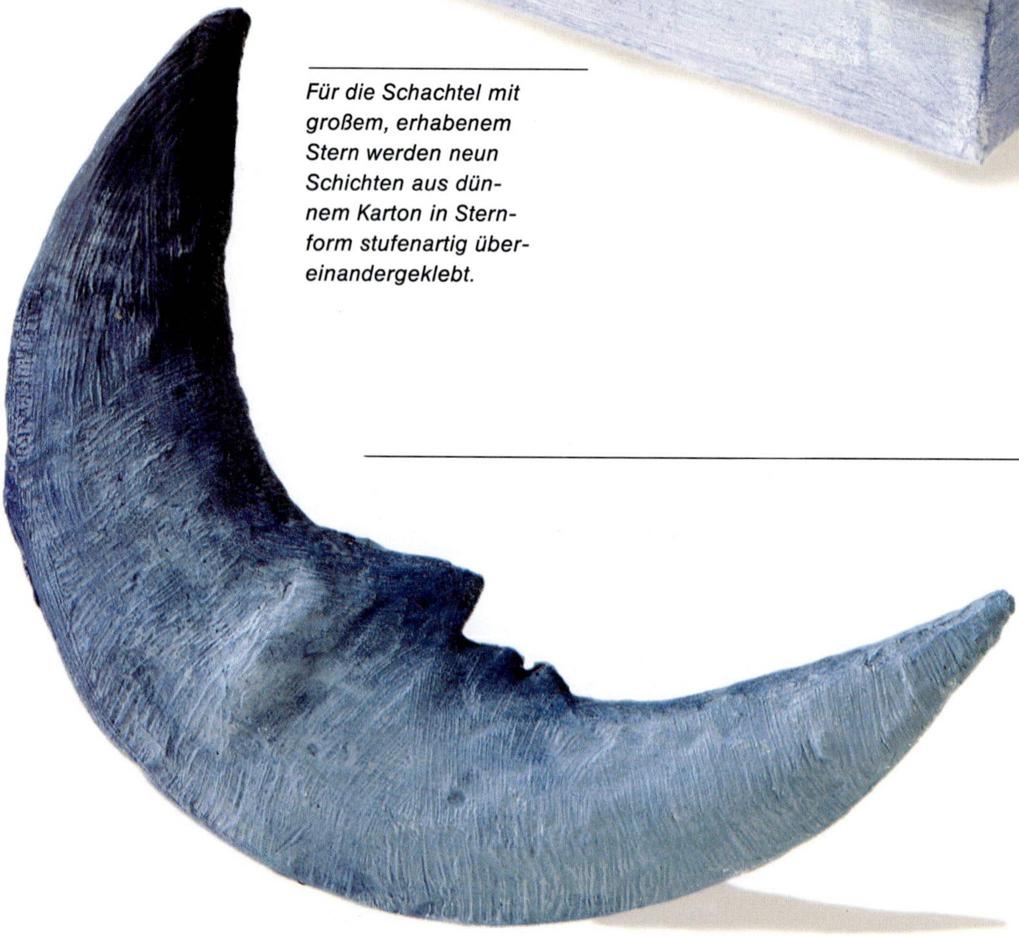

Sonne und Mond sind groß in Mode gekommen. Sie müssen nicht immer gold- und silberfarben sein. Auch eine Bemalung in abgestuften Blautönen mit Temperafarben, die einen matten Effekt erzeugen, ist sehr dekorativ.

Das Relief auf dem Deckel besteht aus fünf übereinandergesetzten Herzen. Natürlich werden auch die Innenseiten der Schachteln passend bemalt.

GOLD UND SILBER

Wie Sie bereits gesehen haben, kommt der Bemalung und der Dekoration der Pappmachéobjekte eine entscheidende Bedeutung zu. Möglicherweise ist es den üppigen Gold- und Silberdekorationen zu verdanken, daß die Pappmachékunst erneut so großen Anklang findet. Für die aufwendige Dekoration vieler Gegenstände, die einen reizvollen Gegensatz zu dem schlichten Werkstoff bildet, steht eine Vielzahl von Materialien zur Verfügung. Auf den folgenden Seiten haben wir einige Beispiele zusammengefaßt.

Goldene Christbaumkugeln

Weihnachtsdekorationen mit Borten und Kordeln sind sehr beliebt. In Verbindung mit der Technik des „Vergoldens“ kommen wir zu überaus reizvollen Ergebnissen. Die Arbeit ist ein wenig aufwendig, aber an ein paar Nachmittagen kann man doch einige Objekte herstellen. Das Material ist zum großen Teil in Geschäften für Künstlerbedarf erhältlich.

Sie brauchen

Styropor- oder Plastikkugel
Zeitungspapier
weißes Seidenpapier
Vinylleim
Heftchen mit Goldfolie und schnellabbindendes Klebemittel
Pinsel
Schälchen und Teller
Goldkordeln und Borten
Zweikomponentenkleber
Cutter

Wer kein Fachgeschäft in der Nähe hat, kann sich das Material auch per Nachnahme zuschicken lassen.

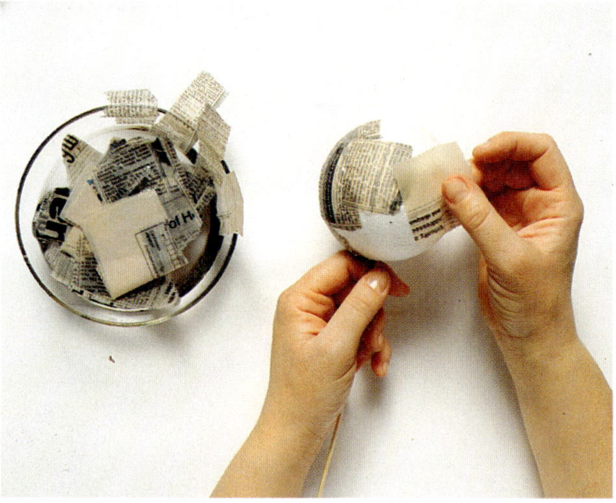

1 *Kugel auf eine Stricknadel stecken. Zeitungspapier in Faserrichtung in kleine Quadrate reißen und diese in lauwarmem Wasser einweichen. Die Kugel mit einer ersten Papierschicht – ohne Leim! – kaschieren. Das feuchte Papier haftet an der Kugel, wird jedoch nicht angeklebt.*

2 *Wenn die Kugel mit einer ersten Papierschicht überzogen wurde (es darf kein Millimeter unbedeckt bleiben!), wird der Leim (4 Teile Leim auf 1 Teil Wasser) aufgelöst. Nun zwei weitere Zeitungsschichten mit Leim aufbringen und gründlich trocknen lassen.*

3 *Umhüllen Sie die Kugel jetzt mit weißem Seidenpapier. Tragen Sie darunter und darüber eine Schicht Leim auf. Das Seidenpapier nicht glattstreichen, es sollte kleine Falten bilden.*

4 *Sobald das Seidenpapier gut getrocknet ist, wird die Pappmachéhülle mit dem Cutter in zwei Hälften geteilt. Die Kugel läßt sich leicht herausnehmen, da kein Leim auf das Styropor aufgebracht wurde. Mit Seidenpapier und Leim nun die beiden Kugelhälften verbinden und trocknen lassen.*

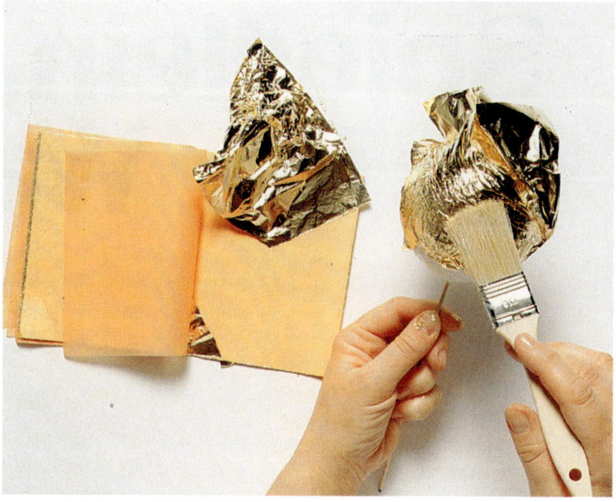

5

VERZIERUNG

Goldfolie haftet durch Verwendung eines speziellen Klebers. Geben Sie etwas Kleberlösung auf einen Teller, und verteilen Sie sie mit dem Pinsel auf der Kugel. Eine halbe Stunde nach dem Auftragen kann sie weiterverarbeitet werden.

6

Nehmen Sie nun mit der Pinselspitze eine Folie aus dem Heftchen, und bringen Sie sie direkt auf die Oberfläche der Kugel auf.

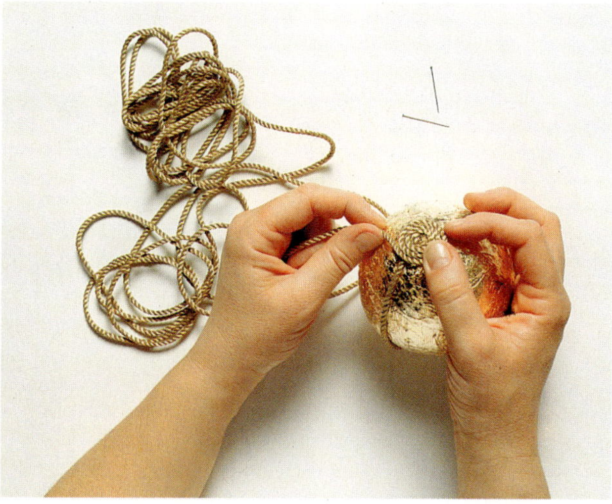

7

Achten Sie darauf, daß die Goldfolie an allen Stellen gut haftet. Mit dem trockenen Pinsel glätten. Jede noch so winzige unbedeckte Stelle kann mit Stückchen der Folie überzogen werden.

8

Bereiten Sie jetzt den Zweikomponentenkleber vor. Formen Sie aus einem Stück Kordel eine Schnecke, und kleben Sie sie auf der Kugel fest. Weitere Verzierungen können Sie auch aus Borte zuschneiden und festkleben.

Spieglein, Spieglein an der Wand ...

Auf den folgenden Seiten wurde auf die Beschreibung der Herstellung des Pappmachékerns verzichtet, denn sie entspricht der des „Dalí"-Rahmens von Seite 98. Die Dekoration des Spiegels wird Schritt für Schritt gezeigt.

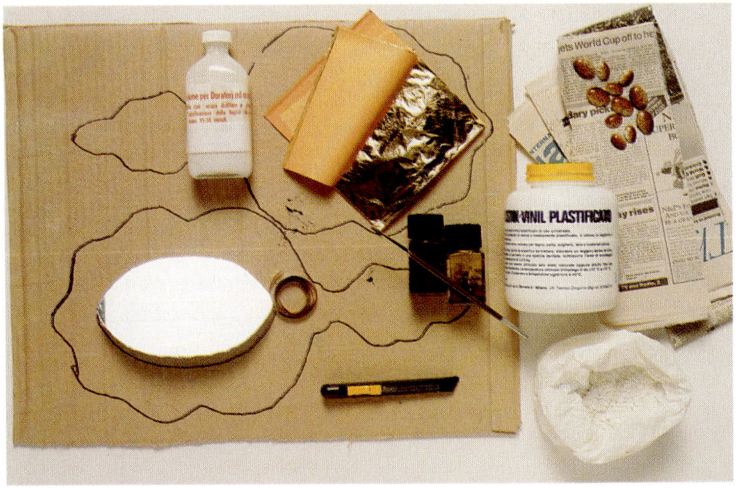

Sie brauchen

Wellpappe
Zeitungspapier
Vinylleim
Gips- oder Acrylgrundierung
Cutter
Plastikperlen (Hälften)
Goldfolie und Klebemittel
flüssige Farben in Metalltönen
Pinsel
Zweikomponentenkleber
Spiegel
Schutzband für den Spiegelrand

1 Die Form wurde zweimal aus Karton ausgeschnitten. Kleben Sie dann die Perlen auf, und kaschieren Sie alles mit je drei Zeitungs- und Leimschichten. Nach dem Trocknen erhält das Ganze eine weiße Grundierung. Das Klebemittel für die Vergoldung auftragen und eine halbe Stunde lang antrocknen lassen.

2 Die trockene Goldfolie vorsichtig auf die Oberfläche aufbringen.

3 Bedecken Sie die gesamte Oberfläche, und streichen Sie die Folie glatt.

4 Bringen Sie auch auf die Rückseite Goldfolie auf.

5 *Den vom Glaser bereits zugeschnittenen Spiegel mit Aluminiumband einfassen. Es ist ebenfalls beim Glaser erhältlich.*

6 *Zweikomponentenkleber vorbereiten und den Spiegel damit am Rahmen festkleben.*

7 *Bemalen Sie den Rahmen abschließend mit flüssigen Metalliclacken.*

Variationen in Gold

Die Uhr besteht aus einem alten Schuhkarton mit Applikationen aus Pappe. Sie ist mit weißer Temperafarbe und goldener Ölfarbe bemalt, die mit Lösungsmittel leicht verdünnt wurde.

Der „Dalí"-Rahmen wird zunächst mit weißer Temperafarbe grundiert. Danach tupft man die Goldfarbe mit dem trockenen Pinsel auf. Die goldfarbenen Ornamente werden ebenfalls mit dem Pinsel aufgemalt.

Diese Maske wurde nicht im Kapitel über Masken vorgestellt, da sie nach einem Gispabdruck hergestellt wurde. Die Bemalung erfolgte mit Flüssiggold.

Sonne und Mond sind ebenfalls aus philippinischer Produktion. Recyclingpapier wurde über einem Formkern kaschiert und mit Blattgold dekoriert.

Von den Philippinen stammen die Engel aus kaschiertem Pappmaché. Sie sind mit Blattgold schlicht dekoriert.

Weihnachtskugeln aus kaschiertem Pappmaché über einer Plastikform. Sonne und Mond sind aus Pappmachéteig modelliert. Die Dekoration erfolgt mit Flüssig- und Blattgold. Die Sonne wird mit Patina (Bitumen) behandelt.

Die dekorativen Schachteln für Weihnachten sind mit blauer Acrylfarbe bemalt. Die Applikationen werden aus Pappmachéteig geformt und mit Blattgold und Bitumen überzogen.

NAIVE FIGUREN

Seit einiger Zeit bietet der Handel eine Reihe von teilweise qualitativ hochwertigen Pappmachéprodukten aus Asien, genauer gesagt von den Philippinen, an. Sie weisen eine besonders gute Verarbeitung auf. Die Gegenstände sind meist in Kaschiertechnik gefertigt, die Applikationen dagegen werden häufig mit Pappmachéteig aufgesetzt.

Teddys und andere Tiere

Die niedlichen Bärchen werden abschließend nicht mit Grundierung überzogen, so daß das Zeitungspapier noch deutlich durchschimmert.

„Zwillingsbärchen" mit unterschiedlicher Bemalung. Ein Teddy aus Plastik wurde mit Zeitung und Leim kaschiert, die Form dann in zwei Hälften geteilt und erneut zusammengefügt. Es handelt sich dabei um dieselbe Technik, die im Kapitel „Eingeschlossene Form" beschrieben wurde.

Frau Kaninchen hat einen abnehmbaren Kopf. Bemalt wird das hübsche Häschen mit Synthetiklack, das Schweinchen mit Acrylfarben.

EINGESCHLOSSENE FORM 71

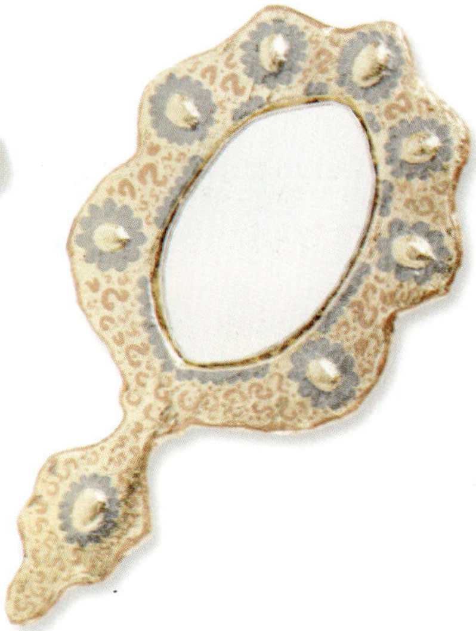

Lizenzausgabe für
UNIPART VERLAG GMBH
Remseck bei Stuttgart, 1996

Bearbeitung der deutschen Ausgabe:
THEMA Produktmarketing und Werbung GmbH
Fullservice für Buch- und Presseverlage
München

ISBN 3-8122-3620-6